bims gretik lul

Lyriksündikat

bims gretik lul

Fünf große Bäume

Gedichte

© 2025 bei den Autorinnen und Autoren

Verlag Dignity Press
16 Northview Court
Lake Oswego, OR 97035, USA
www.dignitypress.org

Bildnachweis: Manfred Lutz, außer S. 47 und S. 55 Brigitte Volz und S. 52 Landesarchiv Baden-Württemberg, Staatsarchiv Wertheim, StAWt K-G 40 K 368, Plan 7

ISBN 978-1-937570-12-5

Gedruckt auf Papier aus nachhaltiger Forstwirtschaft, siehe
https://www.ingramcontent.com/publishers-page/environmental-responsibility

Inhalt

Vorwort   9

Wertheim

Bürgersehnsucht	12
Meine Geburtsstadt, diktiert von M.	13
Spiegelungen	14
Wertheim in Farbe	15
Dichtung im Gegenlicht	16
Wertheim, am Tauberufer sitzend	17
Wertheim	18
Ameisengedenktage	19
Mit anderen Sinnen gesehen	20

Waldenhausen

später sommer	22

Reicholzheim

Reicholzheim	24
Steinkreuze	25
R.	26

Bronnbach

Bronnbach I	28
Bronnbach II	29
Im Winter	30
Bronnbach, memento mori	32
Marien	33

Eulschirbenmühle

Eulschirbenmühle	36
An der Tauber bei Gamburg	37

Gamburg

September am Fluss	40
Gamburg Tauber, Wartesaal	41
Erlkönigin	42

Niklashausen

Maria 2.0	44
Aufgeschreckt	46

Werbach

Kraftort	48
Liebfrauenbrunn	49
Kapellenrondell	50
ohne titel	51
wer bach	52
Werbach I	53
werbach II	54

Hochhausen

Begleitung	56
ich weiß es (fiktiv)	57
Cool	58
Engel	59

Impfingen

Lauerbachs Besen	62

Tauberbischofsheim

TBB	66
Tauberbischofsheim	67
Die Tragik von Tauberbischofsheim	68

Dittigheim

Dittigheim, unerwartet	70
Das Warten	71
Falle	72
Rote Kastanien	73
Luziana Grathwohl	74
Gedenken	75
Dittigheim	76
St. Vitus	77

Distelhausen

Totenlied	80
Die Blume der Hausfrau	82

Lauda

Augenblicke	84
Nach Lauda, im Regen	85
bims gretik lul	86
Weinstadt Lauda (steht auf dem Fass)	87
Lauda zeitlos	88
Lauda Eigenheiten	89
Abgesang an Lauda	90

Zu den Autorinnen und Autoren 93

Vorwort

Das Taubertal ist in zahlreichen Schriften und Gedichten beschrieben. Warum dem also einen weiteren Band hinzufügen?

Weil er anders ist.

Die vorliegenden 57 Gedichte stammen von vier Autorinnen und Autoren, die alle Orte vom mittleren Taubertal bis zur Taubermündung in Wertheim zusammen durchstreiften. Die Eindrücke, die sich ihnen boten, wurden zu Gedichten.
Das Taubertal wird zwar gemeinhin als „lieblich" vermarktet, die Gedichte sind es jedoch nicht zwangsläufig. Zu unterschiedlich wirkten die Eindrücke auf die einzelnen Autoren, zu verschieden waren die Ansichten von ein und demselben, und so entstanden verschiedene Sichtweisen auf die Orte und Menschen, die dort leben. Auch dass ein Teil der Autoren hier geboren ist, ein Teil zugezogen oder auch von außerhalb kommt, befördert diese verschiedenen Sichtweisen – vom Stil der Gedichte ganz zu schweigen, die romantisch, kantig, nüchtern und dadaistisch ausfallen. Fotografien begleiten die Gedichte. Dieser Band lädt ein zu einer Entdeckungsreise durch unscheinbare Dörfer am Fluss und erkundet, ob es in einer globalisierten Welt noch Eigenheiten gibt.

Der Titel „bims gredik lul" bedeutet „Fünf große Bäume" in Volapük, einer im 19. Jahrhundert vom gebürtigen Taubertäler Johann Martin Schleyer entworfenen Plansprache.

Wertheim

Bürgersehnsucht

Vorbei an Fliedergedufte
und gestutzten Rosen,
Pärchen Hand in Hand
zum Kittsteintor,
mit Bürgersehnsucht,
mit du-Bruder-Grüßer.
Sprachungewandt auf einer Bank am anderen Ufer.
Die Enten werden
erschrocken im Schatten
vorüberziehen.
Habe ich dir gesagt, dass Wertheim erst jetzt fertig ist,
so mit Allem, scharf, mit Zwiebeln und Defibrillator.

Armin Hambrecht

Meine Geburtsstadt, diktiert von M.

In der aufsteigenden Hitze
sieht man das rote Fachwerk
hört man den Feierabendverkehr
riecht man den Holunder

Keine 100 Meter entfernt
sieht man Schießscharten
hört man den Kanonendonner (im Geist)
riecht man den Pulverdampf (im Geist)

Ein bewachsenes Mauertor sei mein Zeuge, dass es so war
Jetzt ist es Zeuge einer friedlichen Zeit

Und hinter den Fenstern des Fachwerks
sieht man auf das Schaukelgestänge
hört man das Kleinstadtgemurmel
riecht man den Mief

Martin Köhler

Spiegelungen

Spiegelhäuser
Im Fluss
Überfahren
Von der Spiegelbahn
Auferstandene Silhouetten
Still
Im bewegten Wasser

Brigitte Volz

Wertheim in Farbe

Die Friedhofsinsel thront über der Stadt
in sattem Grün.

Wohnen in rosa Häusern immer Schwule?
Gibt es ein braunes Kleinstadt-Ghetto?

Solche Fragen zerkaut
die Ziege am Hang, die nie abstürzt.

Alles unter der Burg liegt
friedlich besonnt
der Zeit entrückt
hängt schlaff wie die badische Fahne.

Von oben gesehen ist es so leicht.
Während wir schreiben,
faltet sich Zeit
wie ein Leporello.

Und die Schießscharten der Burgruine lassen
nur Licht durch.

Marion Betz

Dichtung im Gegenlicht

Idyllen reihen sich auf.
Zwiebel-Flieder-Bratenduft
durchweht den Malerwinkel.
Pflastersteine durchbrochen
vom Schattenriss der Synagoge.
Brücken atmen
im schwarzen Wasser der Tauber.

Parsifal und Pizza verbindet
Brudergrüßer und Beamtensteg.

Amara George hätte nach dem Mund gedichtet.
Was soll sie sagen?

Lachen dringt durch das Kittsteintor,
die untergehende Sonne entflammt die Burg.
Schatten nur liegt über dem Defibrillator
am Marktplatz,
er wird ihm das Leben nicht mehr einhauchen.

Armin Hambrecht

Wertheim, am Tauberufer sitzend

Glocke kündigt Regionalzug an:
Ein Geräusch wie vor hundert Jahren.

Auch Geräusche altern.

Schmiedeeiserne Balkone am gegenüberliegenden Ufer:
Verblüffende Pracht an abblätternden Fassaden.

Fliederlila schmiegt sich an die Mauer,
die Überschwemmungen bezeugt seit langer Zeit.

Links am Hang, verborgen von Bäumen:
Die Villen der Reichen.

Ein Vogel durchquert den Raum Richtung Westen.
Ein junges Paar läuft über die Brücke nach Osten.

Der Kranich zieht lieber mainwärts,
begleitet vom Lachen dreier Bosnier.

Die Bahn fährt krachend an, doch nicht mal sie
kann die übertönen, die hier Heimat fanden.

Würden sie sonst
so lachen?

Die Schranken gehen auf und Flieder
weht endlich zu mir.

Marion Betz

Wertheim

Hier kann man innehalten.
Grün die Tauber
fließt lang
Rot die Westfrankenbahn
Bleibt auf dem Bahndamm stehen,
hält für eine Minute inne
und fährt zurück

Ja, hier kann man innehalten.

Mitten im Hin und Her
Und die Tauber
fließt grün lang.

Martin Köhler

Ameisengedenktage

Auf der Lauer
ein Junge beim Angeln.
Schwarzfischen im trüben Wasser
nahe der Kurbelbrücke.
Von Ferne klingt die Glocke
der Westfrankenbahn,
bis in den Ostgotenweg im Süden.
Am Horizont die Schänke,
es zieht mich hin,
zum Zapfhahn,
dem feilgebotenen,
weil die Wassernot
die Konten plünderte.

Am Ufer der Tauber
Schildkappenbürger,
zwischen all den alten Steinen
ein Junge mit blonden
struppigen Haaren und arabischem Akzent,
stolziert über den Bogen der Brücke, gerettet.
Leuchten markieren den Weg,
keine Rettungsboote
vor der nächsten Schänke.

Armin Hambrecht

Mit anderen Sinnen gesehen

Hier bieten sich Betrunkene ungefragt als Stadtführer an.
Aber sie kennen die Details.
Dass das Messbrückle von Hand hochgekurbelt wird.
Dass man bei der Ampel auch bei Rot rüber kann.
Und überhaupt: Dass Wertheim schon etwas Großstädtisches hat.
So schärft der Alkohol die Sinne.

Martin Köhler

Waldenhausen

später sommer

ein ritter in stein
lächelt milde seit 500 jahren

birnen gibt es in fülle
und zwetschgen hängen schwer
über den fluss

die äpfel sind zu klein dies jahr
aber die blumen weben geduldig
einen teppich für die sonne

unentdeckte winkel bei der ölmühle
die „alte krone" steht leer

ihre fenster blicken auf
wald wald wald
gegenüber

frieden
der für hundert sonnen reicht

Marion Betz

Reicholzheim

Reicholzheim

Im herben Duft von Holunder
wartet ein Taubenzüchter
am Kirchhof
auf Nachwuchs.

Im leichten Wind lag ein Zauber
nach Myrte duftend,
am Hang schlagen Finken.

Grau,
der perfekte Himmel,
am Klavier schlag ich die dunklen Tasten.

Reicholzheim, du Insel meiner Träume,
mit zwei Palmen.

Armin Hambrecht

Steinkreuze

Menschenkette
Aus Stein
Arme ausgestreckt
Links und rechts
Nach Nähe suchend
Und Berührung
Die Häupter zum Himmel erhoben
Nur Luft
Zwischen ihnen und Gott
Wer wollte
Könnte meinen
Es seien Kreuze

Brigitte Volz

R.

Noch fünf Sekunden

Das Vibrieren im Körper
Den Frühling in der Nase
Den Schönert im Blick

Die Mittelstreifen eine fortlaufende Linie
Weiß krümmt sie sich nach rechts
Die Tauber schlängelt sich entlang
Dunkelgrün vor dem Horizont

Die Maschine trägt dich
nach außen

Ihren Sound im Ohr
und den quietschender Reifen
Den Schönert im Blick
auf ewig.

Martin Köhler

Bronnbach

Bronnbach I

Natürlich war da keine Kastanienblüte in deinem Haar in Dittigheim.

Und auch hier im Klosterhof wird es keine der duftenden Lindenblüten sein,
die hier einst Besuchern auf den Kopf fielen; weil die Bäume nämlich
abgesägt wurden, weiß der Himmel
warum.

Vielleicht war es
ein Zuviel an Süße und Üppigkeit
für einen Ort der Andacht.

Einfach zuviel des Guten.

Marion Betz

Bronnbach II

Damit tu ich mich
schwer
Obwohl hier doch inzwischen
leichte
Kultur eingekehrt ist.

Marion Betz

Im Winter

Alois

Ein schöner Tag, eigentlich.
Dicker Schnee glänzt in der Sonne
Die Handschuhe sind warm
Und die Schuhe dicht
Der alte Schlitten gut eingefahren
Die Bahn glatt
Der Hang steil
Die Straße
Das Auto
Ein schöner Tag, eigentlich.

Ein Unfall

Holz, zersplittert, vor dem Pneu
Es ist ein Unglück passiert! rufen die Frauen
Die starken Arme der Brauburschen
können nicht mehr helfen
Eine nasse Kufe
gleißt im Sonnenlicht

Die Klosterglocken läuten drei Mal
Es war zur Sterbestunde Christi,
werden sie später sagen
Aber dieser feierte keine Auferstehung mehr

Zur Erinnerung

Ein Stein
so schwer ihn auszuwählen
so schwer ihn zu setzen
so leicht zu übersehen
so leicht zu vergessen
Ein Stein

Martin Köhler

Bronnbach, memento mori

Da war doch was?
Irgendwann in barocken Zeiten,
Irgendein Abt mit vielen Mönchen und emsigem
Klostergesinde.
Ora et labora statt Ars amandi in Taubenblau.

Stattdessen das Schwarz der Grüfte und Talare,
Das Braun der Kutten.
Der Alltag mehr irdisch
Als himmlisch.

Heute plätschert das Wasserspiel im Abteigarten
Die ganze Anstrengung weg.
Schweiß und Tränen bedecken den Rosenkranz.
Doch frei sind die Chimären des heidnischen Wasserspeiers.

Eine schöne Fassade vor grünem Wald,
Serviert mit Kaffee und Kuchen.
Kehrt ein, ihr Gäste, und staunt.

In den Archiven unterm Dach
Schlummert noch manche Intrige,
Unentdeckt, ungesühnt.

Marion Betz

Marien

Aufbrechen muss er
Der dunkle Schoß der Erde
Damit sein Wasser zum Bronn wird
Zur Quelle
Ewig göttlich Weibliches
Lange verdrängt
Sichtbar in manchen Altären
Immerhin
Maria Magdalena
Jetzt in der Nordkapelle
Immerhin
Weg aus der Leutekirche
Arme Leute
Die ihrer Heilkraft so dringend bedürfen
Und Maria die Mutter
Am Hochaltar
Immerhin
Himmelfahrt
Vögel im Kirchenschiff
Singen ihr Lied
Mittler
Zwischen Himmel und Erde
Und wo sind sie
Die Göttinnen
Des Südens und Westens

Brigitte Volz

Eulschirbenmühle

Eulschirbenmühle

Eulen-, Schirben-, Mühlversteck
Hinterm Baum erscheint ein Eck
Hinterm andern auch ein Rund
Wer hat Angst vorm freien Hund
Er alleine hat die Chance
für den Blick aufs Große Ganze

Brigitte Volz

An der Tauber bei Gamburg

oder: Grad wie bei Hans Scheibner, nur anders

Gamburg. An der Eulschirbenmühle
sitz ich voller Schuldgefühle,

Meike.

Das Wasser rauscht und Pappeln ragen,
aber mir ist flau im Magen,

Meike.

Seh Mühlräder durchs Wasser wühlen
und ich leid' an Schuldgefühlen,

Meike.

Die Tauber ist schmutzig, mit tiefgrauem Schimmer,
und mit mir ist es noch schlimmer,

Meike.

Martin Köhler

Gamburg

September am Fluss

Ein Ast schlägt Kerben ins Wasser
eine vergessene Bikinihose
hängt dran.

Der Sommer verhakt sich im Brombeerbusch
Ein fliegender Spinnfaden
reißt faulende Beeren mit.

Die Greisin mit schwacher Hand
entstaubt das Fensterbrett
sieht Nebel steigen über dem Wasser.

Marion Betz

Gamburg Tauber, Wartesaal

Ein Ofen.
Drei Bänke.
Eine schwarz, eine rot, eine braun.
Ich sitze da und denke:
So wie hier sollte man Wartesäle bau'n.

Fliesen und Lampen
noch aus den 50er Jahr'n.
Man schweift ab mit Gedanken.
Der alte Ofen gibt warm.

Wann hier wohl zuletzt
ein Fahrschein über den Schalter ging?
1970? 1980? – Geschätzt!
Bevor da das Schild „Geschlossen" hing.

Schön ist's hier,
und die Ausstattung genug.
Ich bliebe gern länger.
Gleich kommt mein Zug.

Martin Köhler

Erlkönigin

Am nächtlichen Fluss
kämmt sie ihr Haar
im Schatten der Weide.

Bei der alten Brücke
erwartet sie dich
Schwimmer im Mondlicht.

Malt Runen aufs Wasser mit weißer Hand,
taucht mit dir bis zum Grund
wo ihr schlaft bei den Fischen.

Den Atem für sie
hältst du an
bis zum Morgen.

Marion Betz

Niklashausen

Maria 2.0

Weil sie ihm nahe sind
Dem Weiblichen
Noch
Nomaden und Hirten
Wie der Pfeifer
Der Göttin und ihrem Mantel
Nahe
Grüner Mantel
Blauer Mantel
Schwellenreich
Zeichen
Für Transformation
Mehr als die Kraft
Und die Zärtlichkeit
Mariens
Nicht devot
Schweigend und dienend
Wie der Papst sie sieht
Vielmehr andere Gaben
Der Göttin
Kriegerin
Heilerin
Patronin
Der Künste und Hebammen
Hüterin des Herdfeuers
Und des Lebens
Die Gaben der Göttin
Ermutigung
Zum Einsatz
Für Gerechtigkeit
Und die Würde aller
Damals
Wie heute

Pfeifersche Zeiten
Immer noch
Und wieder
Maria 2.0
Ein Anfang
Aber nicht genug

Brigitte Volz

Aufgeschreckt

Verbrennt doch die Pauken und Flöten
Haltet Gericht über die Kutten und Wämse
Schneidet Löcher in die Pfeffersäcke

Gleichheit reicht nicht
Brüderliches Teilen reicht nicht
Allmende ist ein Pfeiler
Ein freier Geist ein zweiter.

Armin Hambrecht

Werbach

Kraftort

Mein Hund tut immer so
Als könne er kaum gehen
Wenn wir fahren wollen.
Er will einfach
Bleiben.

Marion Betz

Liebfrauenbrunn

Ob es um sie geht
Unsere liebe Frau
Oder um sie
Die lieben Frauen
Nomen est omen
Fels, Baum, Quelle
Freya gibt Kraft
Weniger lieb
Wäre heilsam
Für alle

Brigitte Volz

Kapellenrondell

Warum muss es immer weh tun?
Maria der sieben Schmerzen
Schwerter durchbohren ihr Herz
Warum muss es immer weh tun?
Die Quelle fließt trotzdem unterm Altar
Den ihr umzäunt habt.
Maria der Sieben Schmerzen
Muss es wirklich immer weh tun?

Marion Betz

ohne titel

abtreibungsgegner im infokasten
und eine durchbohrte madonna
nehmen uns die kraft
die wir im innern
gottlob

wieder finden
bei den dankestäfelchen für maria
und brennenden kerzengebeten

Marion Betz

wer bach

wer bach sagt muss auch wissen wes bach das ist welz bach
ein zufluss der tau wer?
muss auch wissen warum der schlund auch er ein bach wo in wen mündet
also in wer bach in welchen bach?

ach

in die tau wer

welcher bach wessen bach ist in wer bach
das konnte mir aber keiner sagen
aber das wissen um die herkunft des namens
das kann mir auch keiner nehmen
in wer bach
egal wer

Martin Köhler

Werbach I

Mit Blick auf die alte Brücke
die sich mehr beugt als spannt
erzählst du von Georgien

Dort sei es noch
stellenweis'
wie zu Beginn des letzten Jahrhunderts

Hier bei den Wiesen die braune Kühe tragen
weidend vor alten Bäumen
sprechen wir über Georgien

Marion Betz

werbach II

die häuser links und rechts neben der durchfahrtsstraße
finden nicht mehr zueinander
ein riss durchquert den ort

seitdem schweigt er den dichtern
und die lyrik versteckt sich

in winkeln

zu denen kein hinweisschild

führt

Marion Betz

Hochhausen

Begleitung

Eine graue empfängt uns.
Eine schwarze kreuzt an der riesigen Mühle
Eine rote am Biergarten, ab Oktober geschlossen.

Eine bunte
im unerwarteten Klosterhof –
macht vier.

Im roten Fachwerk haust ein Engel
– Mo., Mi., So. geöffnet –
und vespert beim Wein.

Da ist sie wieder, die graue!

Marion Betz

ich weiß es (fiktiv)

da ist ein mord passiert / ich weiß es /
allerorten passieren morde /
so auch hier / in der düsternis /
in der düsternis des sonnenuntergangs

es muss ein oktober gewesen sein /
eigentlich mild / doch des abends kalt /
kalt wie das herz des mörders /
hier in der mühle / in der mühle düsternis

rot die mauern / rot das blut /
schwarz die tauber / wie die seele des mörders /
wie die dunkelheit des opfers /
das licht des tages bricht / bricht im auge der toten

grausen erfasst mein herz / ich weiß es /
da ist ein mord passiert / in der düsternis /
in der düsternis / eines lieblichen dorfes /
eines dorfes / wie allerorten

Martin Köhler

Cool

Rote Backsteine, Arbeiter im Fabrikhof.
Schwarze Hände ziehen die Schirmmütze über das struppige
Haar.
Weil es immer kalt ist.

Die Maschinen ohrenbetäubend,
unhörbar die gebrüllten Befehle.

Ein Telefon schrillt im Kontor
hinter metallgefasstem Fenster.

Schichtende hinter dem eisernen Tor,
Schichtanfang davor.

So eine leerstehende Fabrik aus ferner Zeit –
Heute will jeder sie haben
Für neue Loftmöbel!

Marion Betz

Engel

Schafherde
Auf der Brücke
Unter den gestrengen Augen Nepomuks
Und weiter
Durch die alten Gassen
Angetrieben
Vom Schäferauto
Nur der Chef vom „Engel" geht zu Fuß
Als letzter
Bevor er heimkehrt
In sein Reich

Brigitte Volz

Impfingen

Lauerbachs Besen

frei nach J. W. Goethe, Der Zauberlehrling

Ja ich komme
alter Besen
wohl kann ich das Zeichen lesen
das mich einlädt
wie ein Kuss
zu feuchtfröhlichem Genuss

Walle, walle
manche Strecke
dass zum Zwecke
Wein nun fließe
und mit reichem, vollem Schwalle
in die Kehle sich ergieße

Kenn dich noch,
du alter Besen
und ich lass mich gerne nieder
heiter wird mein ganzes Wesen
auch in Blitzesschnelle wieder

Schon zum zweiten Male
wie der Bauch mir schwillt
wieder meine Schale
ist mit Wein gefüllt

Gehe, gehe
denn ich habe
deine Gaben
voll genossen
Ach, ich merk es
Wehe! Wehe!
Es wird weiter eingegossen

Bin nicht mehr mein Meister
Herr, die Not ist groß
die ich rief, die Geister
werd ich morgen los

Brigitte Volz

Tauberbischofsheim

TBB

Hat mehr zu bieten als nur eine Fußgängerzone.
Man muss nur
In die Seitengassen biegen und schon
Herrscht Ruhe;

Noch mehr als in der Fußgängerzone –
Wenn das überhaupt möglich ist.

Marion Betz

Tauberbischofsheim

Der Name des Ortes
ist mir ein Rätsel
Ich kann es nicht finden
des Bischofs Heim
Wenn er es nicht war
der rote Palazzo
Und auch nicht das Schloss
im Mondenschein
Bleibt nur noch die Tauber
denke ich mir so
Aber die wird's wohl nicht
gewesen sein

Brigitte Volz

Die Tragik von Tauberbischofsheim

Auch der Schlossplatz ist still.
An mangelnder Schönheit
liegt's nicht.

Die Kirche St. Lioba
Ein unterschätzter Koloss
Der viel mehr Raum bräuchte.

Aber wen interessiert das.

Im Café Konrad gibt's selbstgebackenen Kuchen!

Marion Betz

Dittigheim

Dittigheim, unerwartet

Noch vor der Brücke am Ortseingang links
Unerwartetes Rauschen

Dreistufiges Getöse
Niagara in Dittigheim

Weiden Eschen und Ahorn
Umsäumen großzügiges Areal

Der krumm hängende Abfalleimer
Wird brav genutzt von den Grillern

Das Brausen im Außen
Löst Stille im Innern

Unerwartete Andacht
Lässt Gespräche verstummen

Allein dies Wasser wär' ein Grund
Nach Dittigheim zu zieh'n

Marion Betz

Das Warten

Hattest du nicht gesagt:
„Ich freue mich"?

Doch was ist
Ist das Warten.

Warten am Mühlgraben
Und Warten am Wehr.

Wenn du nur
Den Wasserfall hören könntest!

Er würde glatt übertönen
Was du zu mir sagst.

Er würde es
Wärst du hier.

So schreit er nur
Gegen die Stille an.

Marion Betz

Falle

Wasserriegel
Lang und breit
Unendlich aufbrausend
Scheinbar immer gleich
Betäubend
Wenn der Blick
erstmal gefangen ist

Brigitte Volz

Rote Kastanien

Rote Kastanienbäume
Steh'n Wache
Als du eintriffst
Am Mühlgraben

Du trägst dein Haar kürzer
Das macht dich größer

Die Mappe unter dem Arm siehst du aus
Wie der Landvermesser bei Kafka

Als du vor mir stehst
Sehe ich Blumen auf deiner Mappe
Und eine rote Kastanienblüte
In deinem Haar

Marion Betz

Luziana Grathwohl

Zwei Wochen nur.
Und kaum eine Spur
im Lauf der Welt –
Stirbt so ein Held?

Menschen vor dem Grab gerettet
und danach selbst ins Grab gebettet:
Du weißt, es war von Gott gewollt,
er hat dich zu sich heimgeholt.

Und wäre er nur Phantasie
und die Gebete erreichten ihn nie,
so wär er doch Grund zur Tat gewesen –
das Zeugnis ist auf dem Grabstein zu lesen.

Zwei Wochen nur.
Und kaum eine Spur
im Lauf der Welt –
So stirbt ein Held.

Die Ordensschwester Luziana Grathwohl war ab dem 1.9.1866 in Dittigheim zur Pflege der Erkrankten einer Choleraepidemie im Einsatz; sie starb am 14.9.1866 selbst an dieser Krankheit.

Martin Köhler

Gedenken

Grabsteinpflege
Und andere Dienste
An Menschen

Den Lebenden und den Toten
Unvergessliche Frau

In Stein gemeißelt
Gezeichnet
Vom Atem der Zeit

Brigitte Volz

Dittigheim

In Blau auf grünem Boden,
von roten,
in silbernem Rauch endenden Flammen umgeben
ein goldener Kessel,
darin der heilige Vitus mit goldenem Nimbus.
Wido müsste brennen.

Armin Hambrecht

St. Vitus

Die Holzmadonna
links vom Altar
mit dem Gesicht eines Landmädels
braucht keinen
Jungfrauenmythos

Marion Betz

Distelhausen

Totenlied

Noch könnte ich
Nicht
Standhalten
Bleiben
Alleine
Den Tod umarmen
Ihn fragen
Was er braucht
Alleine
Bleiben
Im Dunkeln
Im wabernden Nebel
Da helfen auch sie nicht
Die Totenlichter
Die roten
Auf den Gräbern
Namenlos
Du hast es geschafft
Siezen mag ich nicht mehr
Eine Umarmung
Schnell und leicht
Wie das wohl gehen wird
Sagtest Du
Immer wieder
Neugierig
Bis zum Schluss
Kein weißer Sarg
Heute Morgen
An anderem Ort
Aber auch Weiß
Würde zum Grau
Der Asche

Den Tod umarmen
Dich umarmen
In Gedanken
In großer Dankbarkeit
Ein Distelhäuser
Auf Dein Wohl
Und zuhause
Deine Kerze
Im Fenster
Und Rilke
In der Hand
Was wirst du tun Gott
wenn ich sterbe

Brigitte Volz

Die Blume der Hausfrau

Oh Wunder
Sie blüht
Die Blume der Hausfrau
Auch im Beichtstuhl
Reinigung
Von Seelenmüll
Auf andere Art
Nichts mehr
Wird unter den Teppich gekehrt
Wo sie blüht
Die Blume der Hausfrau

Brigitte Volz

Lauda

Augenblicke

Annäherung
An Lauda
Schritt um Schritt
Stationen
Weichgezeichnet vom Regen
Brücke und Brücke
Nietenbau
Wie der Eiffelturm
Stuben im Licht
Gebeugt vom Alter
Die Schirme
Des armen Poeten
Draußen auf der Leine
Bewacht
Von Vögeln
Auf Bällen
Wiedergefunden
Im gleißenden Licht
Des Fußballplatzes
Weit geflogen
In Gedanken

Brigitte Volz

Nach Lauda, im Regen

Über graubedachte Wiesen
springen gewässerte Hunde
schwarz und weiß
den Matsch verachtend

Wir ziehen vorbei
am struppigen Bahndamm
an kartoffelgeleerten Äckern
dem Richtberg zu unsere Hosenbeine schon nass

Da hingen sie auch mal
zu dritt

Nur eingleisig verläuft
die Westfrankenbahn

Marion Betz

bims gretik lul

fünf große Bäume an Napoleons Allee
der Kleine schritt Groß von Osten kommend
im Gepäck das Pferdefutter
Neophyten am Weg
über den Dingen der Hauch ist das Beste
Adam hat Pod angebissen svid
Eva spricht mit snek
Lauda Kaf at binon vemo svidik
Unam uni generi humano linguam

Armin Hambrecht

Weinstadt Lauda (steht auf dem Fass)

Seid jederzeit bereit
für die Reise in die Ewigkeit. –
Unweit vom Schützenverein
mit dem Großkalibermeister
gedenkt man der fünf Toten.
Und wenn man weitergeht
bis zu St. Kilian,
dann merkt man: Hier gehen die Uhren falsch.

Wenn man aber zurückblickt
durch den nasskalten Regenschleier,
zeigt sich eine Sonnenuhr,
erklärend an der Hauswand:
Es hat alles seine Zeit.

60er-Jahre-Schilder künden vom Bäcker,
andere, dass Alt-Lauda zu verkaufen sei –
und mächtige Weinkeller vom Wein.
Vom Himmel grüßen Regenschirme.
Man scheint das Wetter gut zu kennen.

Martin Köhler

Lauda zeitlos

Im Schießstand knallen große Kaliber
Das Grab am Wegrand ist still.

Aus dem Wirtshaus zum Goldenen Stern
Quillt eine Fritteuse
Und die Kugel rollt gewichtig
Auf der Bundeskegelbahn.

Keine Uhr stimmt hier.

Das Pfarrhaus bedeckt
Ein blauer Schleier
Nicht von Christo –
Der kommt nicht hierher.

Maria im Strahlenkranz
Lächelt hinüber zur Konditorei
Bis es dunkel wird.

Marion Betz

Lauda Eigenheiten

Am Bahnhof ausgespien
eine unfreiwillige Reise
in ein zu groß gewordenes Dorf.
Unwirtlich,
es herrscht Schienenersatzverkehr.

Universelles Sprechen
kommt von hier,
universelles Denken
kriecht durch die viel zu engen Tunnel
am Bahndamm bis es verebbt
im schwarzen Wasser der Tauber.

Armin Hambrecht

Abgesang an Lauda

Stadt, Land, Wald
Aus dem die Rehe kommen
Nächtens
Angezogen
Von den leuchtenden Augen
Meines Gefährts
Heftige Berührung und Erregung
Auf beiden Seiten
Einziges Zeugnis der Begegnung
Ein Büschel Haare

Brigitte Volz

Zu den Autorinnen und Autoren

Die Gruppe Lyriksündikat, 2004 als „WortLese" gegründet, ist in heutiger Zusammensetzung seit 2017 aktiv. Sie veranstaltete bisher vierzehn literarische Salons im Main-Tauber-Kreis.

Marion Betz

Dörfer tauchen schon lange in meinen Gedichten auf. Es sind für mich Netzwerke mit vielen Geheimnissen. Dazu kommt das Wasser als eigentlich unbeschreibbares Element: Greif- und fühlbar - um sich sofort zu entziehen. Widerstand ist zwecklos; es siegt durch Flexibilität und ist ein großer Lehrer. Man kann abtauchen und ist in einer anderen, schwer mit unseren Worten zu beschreibenden Welt. Hier treffen sich Wasser und Poesie!

Wie eine dunkelgrüne Schlange windet sich die kalte Tauber durch das Tal. Dieser Fluss mit seinen faszinierenden Farbschattierungen scheint wirklich die Heimat von Nixen und Wassermännern zu sein! Darüber gibt es viele Legenden. Wir haben diese Tradition unverhofft mit unseren Wanderungen fortgeführt. Ein wenig vom Tauber-Zauber ist so heimlich - besonders in die Leerstellen - der Gedichte ‚eingeflossen'.

Marion Betz ist aus Nordrhein-Westfalen ins Taubertal zugereist, malt und schreibt. Einige Kurzgeschichten, Sachtexte und Gedichte wurden in Anthologien und Magazinen veröffentlicht. Gemeinsam mit der Autorengruppe Lyriksündikat (vormals Wortlese) hat sie viele Literatursalons im Main-Tauber-Kreis durchgeführt. Das Schreiben und Ausdrucksmalen ist auch Bestandteil ihrer Seminare für Biographiearbeit. *www. Mal-Weise.de*

Armin Hambrecht

Die Wortspur des Lebens von Armin Hambrecht: Geboren am 11.11.1961 in Lauda-Königshofen. Schwerpunkt der literarischen Tätigkeit: Lyrik und Prosa. "Mein Werk ist wie eine Zwiebel, innen ein Kern aus Poesie, nur erreichbar durch Häutungen unter Tränen. Ich habe mit 12 Jahren begonnen zu schreiben."

Martin Köhler

Was ist das für ein Fluss, an dem ich da wohne? Und was sind das eigentlich für Orte, die ich zwar dem Namen nach kenne, aber doch nie besucht, sondern höchstens durchfahren habe? Und was ist mit den Orten, die ich meine zu kennen? Und überhaupt: Was sind das für Menschen, die dort leben und gelebt haben?
Diese Fragen kamen im Lauf unserer literarischen Spaziergänge durch 14 Ortschaften an der Tauber auf. Sie ließen sich nicht eindeutig beantworten, nicht einmal für mich selbst. Aber ich bekam einen neuen Blick auf die Ortschaften, als ich sie wie ein Fremder erkundete und versuchte, die Eindrücke jedes Ortes lyrisch zu verarbeiten. Vielleicht sind die Orte wie Menschen: Man kennt sie nie so ganz.
Martin Köhler ist in Wertheim geboren und lebt in Reicholzheim – die Tauber ist ihm daher nicht fremd, spielte aber in seinen Kolumnen, Kurzgeschichten und Gedichten bisher keine Rolle. Vielleicht ändert sich das in Zukunft.

Brigitte Volz

Jahrgang 1955. Von Kindheit an Freude am geschriebenen und gesprochenen Wort. Erste Texte und Entwürfe von Kulissen für das Kaspertheater. Bis heute eine Leidenschaft fürs Schreiben und die Bildende Kunst.
Geboren in Ulm an der Donau, weitere Lebensstationen am Neckar und an der Seine. Brigitte Volz lebt in Dörzbach an der Jagst und geht gerne mit der Tauber fremd.

Fast alle Fotografien stammen von **Manfred Lutz** (†) aus Wertheim, der unsere Spaziergänge mit seiner Kamera begleitet hat. Gerne hätten wir ihm ein Buch überreicht. Er beschrieb sich selbst folgendermaßen:
Ich lebe seit 1978 in Wertheim und war dort beruflich als Kirchenmusiker tätig. Die Leidenschaft für das Fotografieren begleitet mich schon seit langer Zeit, früher eher sporadisch. Im Laufe der letzten Jahre entwickelte sie sich zu einem sehr schönen, kreativen Hobby. Die schöne tauberfränkische Landschaft, das Leben am Fluss, „heimelige" Weindörfer beflügeln die Fantasie. Das nähere Erkunden der an der Tauber gelegenen Orte vermittelte mir neue Einsichten und Eindrücke, die ich als Bereicherung empfinde.

www.ingramcontent.com/pod-product-compliance
Lightning Source LLC
Chambersburg PA
CBHW020948090426
42736CB00010B/1321